UN MOT

SUR

NOTRE POLITIQUE,

Par Sabatier, aîné.

A PARIS,

CHEZ LES PRINCIPAUX LIBRAIRES.

1833.

IMPRIMERIE DE G. BONNET, PRÈS LE QUAI.

UN MOT

sur

NOTRE POLITIQUE.

Un petit évènement d'une grande histoire, telle est la révolution de 1830. Pendant trois jours, agitation violente dans la capitale d'un vaste royaume ; lutte à laquelle prennent sérieusement part environ 20,000 ames ; paroles échangées de part et d'autre qui ramènent le calme ; courriers qui en portent la nouvelle dans les provinces : voilà l'évènement. Origine du pouvoir ramené pour la seconde fois à son véritable principe, c'est-à-dire, aux intérêts de tous et avec la responsabilité des agens publics ; nouvelle apparition du drapeau tricolore, signe visible de ce principe ; retentissement chez nos voisins : voilà l'histoire.

La révolution de Juillet est à sa troisième année ; aujourd'hui et plus que jamais, elle est attaquée dans sa base ; on lui conteste jusqu'au droit de son existence ; des paroles émanées du pouvoir lui-même, ont entouré son berceau de ténèbres ; sa légitimité serait-elle donc celle de la force brutale ?... Dans cette confusion du droit, tout citoyen doit chercher la vérité. Voyons donc ce que fut cette révolution, ce qu'elle est aujourd'hui, ce qu'elle peut devenir un jour.

§. I.er

CE QU'ELLE FUT.

Les deux premières journées de Juillet changèrent un ministère; la troisième changea une dynastie. Sans cette dernière révolution, personne au monde n'aurait désapprouvé l'indignation du peuple contre des ministres, qui après avoir juré fidélité à des pouvoirs politiques constitués, les brisent insolemment, méconnaissent des députés investis d'un mandat sacré, et veulent en nommer eux-mêmes de nouveaux pour trouver des esprits plus faciles. Cette conduite n'aurait pu être approuvée que par ceux qui l'avaient conseillée. La résistance était un droit; elle était même un devoir.

Mais la révolution de dynastie a changé la question, et a fait naître cet argument que les défenseurs des ministres ont présenté à la Chambre des Pairs : ou les ministres sont responsables ou le roi; s'ils sont responsables , frappez-les, mais épargnez la dynastie ; si c'est le roi, punissez-le, mais épargnez les ministres. L'argument était sans réplique. L'ombre de Louis XVI protégeait Charles X qui sortait paisiblement de France; il fallait un jugement au pays; le sang fumait encore dans les rues de Paris; la révolution de dynastie a sauvé la tête des ministres , espérons que plus tard elle protégera leur liberté.

Les résultats des deux premières journées s'éclipsent devant celui de la dernière. Pendant quelques jours, on a parlé des ministres, aujourd'hui on n'en parle plus; leur chûte n'est qu'un point imperceptible dans le tableau de la révolution de Juillet.

Le canon grondait depuis deux jours; la guerre civile déployait ses fureurs; Charles X demande à ses serviteurs ce qu'il faut faire pour rétablir le calme, on lui répond : il faut revenir sur les mesures injustes qu'on vous a fait prendre; il les retire : mais le canon gronde de nouveau; il demande alors ce qu'il faut faire encore : il faut partir , lui dit-on, il faut quitter la France, *il est trop tard!...* et le malheureux vieillard quitte sa patrie !... voilà la troisième journée de Juillet.

Si quelqu'un a vu dans les annales des peuples, dans l'histoire des révolutions des empires un évènement aussi bizarre, qu'il nous l'indique ; nous n'en connaissons aucun. Nos enfans auront peine à croire que nous ayons été témoins d'un pareil spectacle. Quelles ont été les causes d'une chûte aussi singulière ? C'est ce qu'il nous importe de rechercher, en évitant, toutefois, ce qui pourrait ressembler aux traits de l'épigramme. A Dieu ne plaise que nous soyons guidés par d'autres motifs que celui de connaître la vérité ! La révolution de Juillet est un petit évènement d'une grande histoire, avons-nous dit ; nous sommes arrivés au point le plus élevé de cette histoire du monde moral : à cette hautcur, les hommes ne sont rien individuellement, ils n'ont d'action qu'en masse, et alors ils agissent comme choses et non comme hommes.

Si la révolution de Juillet a étonné par sa forme, la chûte de la dynastie régnante n'a surpris personne ; depuis long-temps on murmurait la fin des Stuarts : sous ce rapport, toutes les opinions peuvent réclamer les avantages de la prévision. Ceci nous indique déjà

que les causes de la révolution de Juillet agis-
saient long-temps à l'avance.

En ramenant les Bourbons en France, l'in-
vasion 'de 1814 avait, sans le prévoir, rap-
pelé les questions de nos premiers débats révolutionnaires. La charte qui fut alors pro-
mulguée, portait les caractères d'une œuvre
de transition : tous les principes, tous les intérêts y furent représentés; il semble qu'en
la rédigeant, on ait voulu jeter un aliment
à toutes les voracités. L'émigration réclame-t-
elle ses droits, ses biens, on proteste contre
la révolution, en déclarant que la charte est
octroyée, qu'il n'y a pas eu interruption de
règne, que l'ancienne noblesse reprend ses titres; veut-on satisfaire le peuple de la révolution, on déclare que les Français sont égaux
devant la loi, on constitue des pouvoirs politiques chargés de coopérer à la confection
des lois; veut-on rassurer les consciences, on
parle de la liberté des cultes; veut-on mé-
nager le clergé, on dit que la religion catholique est la religion de l'Etat.

Louis XVIII, homme de capacité et d'expérience, voulut, il est vrai, faire de la charte
un contrat synallagmatique : tout son règne
fut dirigé vers ce but. Un contrat qui engage

les deux parties, n'est plus une concession de l'une à l'autre; il suppose des droits des deux côtés, et exige leur concours, soit pour le modifier, soit pour l'annuler. Dans ce système, Louis se présentait comme rédacteur du contrat, comme tenant la plume; et en résumant, par cet acte, les débats de nos assemblées révolutionnaires, il évitait les longueurs d'une nouvelle Constituante, et les agitations des réunions populaires.

Cette grande vue du roi législateur était, sans doute, l'unique moyen de donner à sa charte un caractère de durée; mais cette charte portait en elle des dispositions qui devaient détruire ses heureux effets, et donner lieu à des interprétations bien funestes. D'ailleurs, Louis XVIII avait négligé de demander la sanction formelle de la nation; il avait cru pouvoir s'en passer, ou plutôt il l'avait vue dans les adresses et les députations des communes, dans le ralliement de tous autour de son trône. L'œuvre resta donc imparfaite, et chacun put y trouver ce qu'il voulut : aussi le chef du plus long ministère de la restauration, préludant à son entrée au pouvoir, prouvait-il, dans le Conservateur, que trois gouvernemens bien distincts pouvaient sortir de la charte.

Dans cet état de choses, trois opinions et trois camps se formèrent en France.. Dans l'un, on disait les Bourbons tels qu'ils étaient ; dans un autre, les Bourbons tels qu'ils sont; dans le troisième, point de Bourbons.

La propriété, c'est la liberté ; la liberté, c'est l'homme. Les propriétés territoriales, industrielles sont les sueurs qu'il a versées, ce sont des propriétés en dehors. L'enfant nait faible; son père lui doit secours, alimens, l'affection fait le reste; c'est l'hérédité de la propriété. Ces principes de toute justice sont antérieurs et par conséquent tout-à-fait étrangers à la formation des sociétés.

Dans ces dernières, le pouvoir est à tous, car il vient de tous. Si quelques-uns l'exercent en particulier, c'est qu'ils sont les délégués des autres : aucune fonction qui ne soit donc le résultat du droit commun ou d'une délégation. Voici maintenant ce qui est advenu : le pouvoir politique s'étant maintenu pendant plusieurs générations dans les mêmes familles, et ayant paru se transmettre par voie d'hérédité, ces familles l'ont assimilé à la propriété. Il en est résulté pour elles, qu'exercer des fonctions publiques, était agir dans leur propriété. C'est ce que nous offre l'histoire des nations modernes, c'est ce qui existe encore aujourd'hui autour de nous ; c'est le droit du *Re nata* en Espagne, c'est le droit qu'invoquaient en Angleterre les Pairs anti-réformistes, lorsqu'ils soutenaient que détruire les bourgs-pourris, c'était attenter à la propriété.

Or, les Bourbons tels qu'ils étaient, sont les Bourbons propriétaires du beau royaume de France, avec une noblesse et un clergé propriétaires, à leur tour, de privilèges politiques. Charles X, né avec ces qualités brillantes qui font l'ornement du monde, s'était peu occupé d'études sérieuses ; il était imbu des croyances de famille et de cour. Fier comme un chevalier que l'honneur inspire, il tenait avec hauteur à ce que l'éducation lui avait appris être son droit. A la première atteinte qu'il crut y voir porter en 89, il s'indigna, et donna bientôt le signal de l'émigration. A sa rentrée en 1814, Charles X n'avait, disait-on, ni rien oublié, ni rien appris ; il devint chef du camp et de l'opinion dont nous parlons, avec l'espoir et la volonté d'en réaliser les conséquences, lorsqu'il serait appelé au trône.

Le second camp était celui du roi tel qu'il était, c'est-à-dire, avec la charte à tout jamais qui constituait des pouvoirs représentatifs de la nation elle-même, et ayant comme elle l'Omnipotence politique.

Enfin, plus de Bourbons, disaient quelques hommes qui avaient vu leur rentrée avec *répugnance*. Avec cette famille, disaient-ils, la France sera continuellement sur le volcan des révolutions; mais la charte, le serment n'ont-ils pas mis fin à tout débat sur le droit public? Non sans doute, répliquaient-ils, la charte dit tout ce qu'on veut, et que signifie le serment à une charte pareille? Tant que vous aurez un prince éclairé, elle suffira; mais répondez-vous qu'il en sera toujours de même, répondez-vous d'une caducité, d'une bigoterie, d'une de ces infirmités morales auxquelles n'est que trop sujette l'espèce humaine? Pour sortir à jamais de cette incertitude, il n'est qu'un moyen, c'est d'imiter nos voisins d'outre-mer, c'est d'éloigner nos Stuarts.

Les quinze années de la Restauration sont une lutte continuelle entre ces divers camps. Chacun développe ses moyens, ses principes, et cherche à profiter des fautes de ses adversaires et des circonstances que le cours des évènemens fait naître. A la tête du premier camp, fut le comte d'Artois, avons-nous dit, venait ensuite l'ancienne noblesse et cette gentilhom-

merie moderne dont l'exigence et les prétentions sont d'autant plus vives, que leurs titres
sont plus contestés ; ce camp fut peu nombreux. Dans le second, celui de Louis XVIII,
était la nation presqu'entière ; là se réunis-
saient, aux cris de vive la charte, des hommes amis de leur patrie, de la liberté et de
la paix. Dans le troisième enfin, étaient, mais
en petit nombre, quelques esprits, les uns
exaltés, les autres prévoyans et que l'on aimait
à considérer comme de faux augures.

Les progrès que fit pendant quinze années
le parti de la charte, rallia autour d'elle quelques membres des autres camps ; on les ap-
pelait transfuges dans ces derniers, on parlait
de leur défection. A l'avènement de Charles X
au trône, on crut un instant qu'il avait lui-
même fait défection ; la censure existait alors,
il l'abolit. On ne tarda pas, néanmoins, à se
convaincre qu'il n'avait point changé de principes.

Tels furent les hommes de cette époque :
mais c'est dans les choses qu'est le fonds de
l'histoire de la restauration ; or ces choses con-
sistent dans la lutte de deux principes déjà si-
gnalés, dans un véritable dualisme.

La royauté héréditaire ou la légitimité est-elle une propriété ou bien un pouvoir par délégation ? voilà la question : la restauration en est le débat.

Si la légitimité est une propriété, il s'ensuit qu'elle est éternelle ; aucune puissance ne peut lui porter atteinte : Dieu la créée ; elle existe par sa grâce ; la légitimité est l'homme avec sa postérité. Cette propriété ne cesse qu'autant que ses possesseurs l'abandonnent. Dans ce système, toute fonction publique a son propriétaire, et tout citoyen est inféodé à la propriété. Les assemblées nationales sont des conseils que l'on consulte si on le veut bien ; les chartes sont des concessions, des remises, qui ne diminuant en rien le droit de celui qui les octroye, peuvent être modifiées, annulées même par sa seule volonté : un contrat qui l'engagerait à jamais, est un non-sens.

Si la légitimité est une délégation, tout change : il y a donc un pouvoir supérieur à elle ; ce pouvoir qui l'a créée, peut la modifier, la détruire même, en d'autres termes, il peut changer le mandat ou le retirer tout-à-fait, selon que cette institution lui paraît plus ou moins utile. La légitimité existe donc sous le bon plaisir de ce pouvoir ; et ce dernier quel est-il ? La nation entière. Les assemblées, les congrès généraux sont la nation elle-même par représentation, c'est-à-dire, convoquée comme elle peut l'être, lorsqu'elle est nombreuse et étendue ; les chartes sont les premières lois, celles qui sont la base de l'organisation gouvernementale, ce sont les constitutions des états ; les fonctionnaires sont des mandataires ; les citoyens sont des hommes vivant en société et avec des droits égaux.

Maintenant nous disons que la restauration ne fut qu'une lutte continuelle entre ces deux principes. On retrouve, en effet, ces derniers au fonds de toutes les questions qui furent alors agitées, l'un sous la dénomination d'intérêts ou d'institutions monarchiques, l'autre sous celle d'intérêts nationaux, comme si dans une société quelconque, il pouvait y avoir d'autre intérêt que le sien propre ! La charte fut faite pour concilier ces deux principes, mais la charte ne pouvait faire l'impossible, elle ne pouvait réunir ce qui est incompatible, elle ne pouvait combiner le droit avec l'usurpation, le juste avec l'injuste ; la charte devait prendre parti pour l'un ou pour l'autre, elle devait se poser : la force des choses l'entraîna, malgré son titre et ses imperfections, vers le vrai.

Comme contrat synallagmatique, la charte reconnaissait déjà des droits autres que ceux du roi ; mais par les pouvoirs qu'elle constituait et leurs attributions, elle conduisait nécessairement au triomphe du principe de la souveraineté nationale. La puissance législative, le premier des pouvoirs politiques, était par elle divisé en trois branches ; le roi en représentait une avec l'initiative, les chambres représentaient les autres. La charte établissait donc un pouvoir supérieur à l'autorité royale, c'était celui du parlement ; elle substituait des pouvoirs constitués à la souveraineté des assemblées nationales. D'autre part, les chambres votaient les subsides, elles pouvaient donc les refuser, mais sans subsides, point de gouvernement; le roi annulait l'opposition de la Chambre des Pairs par une nouvelle création de Pairs, mais comment briser la majorité de la Chambre des Députés ? Il fallait la dissoudre et s'en rapporter à l'élection ; or, l'élection, c'est la voix du peuple.

La charte conduisant ainsi à la souveraineté nationale, les partisans de ce principe n'eurent qu'à se retrancher derrière elle, qu'à combattre aux cris de vive la Charte ; elle devint leur bouclier, leur signe de ralliement. Dans cet état de choses, si la restauration fut un dualisme, c'est-à-dire, une lutte de deux principes, elle fut aussi une défaite continuelle du principe de l'ancien régime. Soit que les partisans de ce dernier provoquent de nombreuses lois d'exceptions et les votent par acclamation ; soit qu'ils exploitent des évènemens graves tels que celui du retour de Napoléon et l'assassinat du duc de Berry; soit qu'ils profitent des ambiguïtés et des imperfections de la charte pour en torturer le sens, tantôt en disputant sur l'étendue du droit d'amendement, tantôt en combattant la spécialité dans le vote des subsides ; soit qu'ils marchent droit à leur but et à découvert ; soit que sous un ministre habile et rusé, ils procèdent lentement et avec précaution, le résultat est toujours leur défaite. Le principe national au contraire grandit sans cesse avec la charte qu'il vivifie. Tous les jours la presse, la tribune publique, les lois proclament en France que le pouvoir royal n'est qu'une délégation d'un pouvoir supérieur.

Les ordonnances de Juillet furent le dernier acte, et signalèrent la dernière défaite de la légitimité comme propriété. Ce principe, avons-nous dit, avait pendant quinze années employé tous les moyens, essayé de toutes les

ruses, de tous les subterfuges, de tous les pa-
radoxes que la discussion peut admettre; il
voulut enfin user de la force brutale, et dans
quel moment eut-il recours à ce moyen dan-
gereux ? Alors que des défaites successives lui
avaient fait perdre les plus habiles de son camp,
alors que la charte avait rallié autour d'elle ses
écrivains les plus célèbres, ses hommes même
les plus dévoués à la dynastie. Aussi, son dernier effort fut-il, en quelque sorte, la dernière convulsion d'un cadavre qui expire.

On voulut néanmoins donner à cet acte téméraire une teinte de légalité. L'article 14 de
la charte était celui du *Salus populi*, du *Ca-
veant consules* des Romains, le cri de la nécessité, le droit qui existe chez tous les peuples alors même qu'il n'est pas écrit dans leur
constitution : les hauts pouvoirs constitués sont
absens, la patrie est en danger, le pouvoir qui
veille doit tout oser, tout faire pour la sauver, sauf à demander ensuite l'approbation des
autres pouvoirs au plutôt convoqués. L'art. 14,
dont la rédaction était d'ailleurs extrêmement
vague, fut donc transformé en article du bon
plaisir ; on s'en servit pour détruire les pouvoirs constitués eux-mêmes, et pour suspendre
les libertés des citoyens ; la force publique fut

2

chargée de soutenir cet acte de démence ; de-là les journées de Juillet, le combat ne fut pas long, parce qu'en France les baïonnettes sont citoyennes.

En retirant les ordonnances, Charles X n'avait fait que constater pour la vingtième fois la défaite de son droit. Obligé de céder, il ne se voyait plus roi comme ses ancêtres, il ne portait plus leur couronne. Au lieu d'une propriété, il n'avait plus qu'un pouvoir passager qu'on lui déléguait et qu'on pouvait lui enlever d'un moment à l'autre. A ses yeux, dis-je, il n'était plus roi même avant son abdication. Celle-ci ne fut qu'un abandon presque volontaire de fonctions pour lesquelles il ne devait plus avoir qu'une extrême répugnance. Sa sortie de France fut, en quelque sorte, comme en 89 une espèce d'émigration (1).

(1) Les partisans de la royauté craignent que si la légitimité est une délégation de la souveraineté nationale, le peuple ne veuille changer tous les jours de roi, et ne passe d'une révolution à une autre. En supposant que cette crainte ne soit point dictée par un motif d'intérêt privé, mais qu'elle soit l'expression d'un vœu louable pour le maintien de l'ordre, première condition de l'existence de toute société, nous dirons que ce n'est pas en appuyant le trône sur un principe injuste qu'on peut aujourd'hui lui donner des fondemens

Celui qui ne verrait dans les journées de Juillet que les suites matérielles d'un combat

inébranlables. Un peuple qui serait assez insensé pour se plaire dans le désordre, ne serait certainement pas arrêté par la déclaration d'un prétendu droit dont l'injustice lui apparaîtrait dans tous les actes d'intérêt public : ce droit usurpé deviendrait au contraire pour lui une occasion de nouveaux bouleversemens. Mais pourquoi supposer ainsi que les peuples veuillent agir contre leur propre bonheur et détruire sans cesse les conditions de leur existence? Pourquoi prétendre les tromper et les museler, en quelque sorte, de peur qu'ils n'abusent de leur droit naturel? Autant vaudrait empêcher un homme de marcher par cela seulement qu'il peut tomber dans un abîme.

Une nation est un être intelligent qui a besoin d'une éducation pour arriver au perfectionnement dont il est susceptible; cette éducation est nécessairement longue, et quoiqu'elle avance à travers une foule d'expériences souvent meurtrières, son progrès n'en a pas moins un but fixe que nous pouvons réduire aux trois conditions suivantes : l'ordre, la liberté, l'économie. C'est dans ces principes de l'existence morale des nations que la royauté doit trouver les motifs de la sienne, c'est là que ses partisans doivent puiser la nécessité de l'institution de ce pouvoir héréditaire.

Le progrès des nations a lieu ordinairement d'une manière calme et insensible; mais s'il rencontre une opposition opiniâtre, il peut déterminer une secousse, un ébranlement; c'est là une révolution. Tant que l'opposition ne provient que d'une minorité prise dans la nation elle-même, le désordre dure peu de temps, mais où le plus fort l'emporte, devrait en conclure que Charles X, roi parjuré, était en horreur à ses sujets, que les partisans de sa famille étaient ou bien peu nombreux, ou bien lâches, ou bien ineptes; enfin, qu'une vaste conspiration avait dû préparer cette lutte !.... Pas une de ces conséquences qui ne soit fausse.

1°. Il n'y a pas eu conspiration en France. La résistance légale n'a eu lieu qu'à Paris, et hors de cette ville, le bruit des armes ne s'est point fait entendre. Le drapeau tricolore a voyagé sur les diligences et les malle-postes. Quelques jeunes-gens ont bien écrit qu'ils avaient conspiré, mais ils ont prouvé par-là qu'ils n'entendaient pas le sens du mot conspiration; ils pouvaient être du camp où l'on disait point de Bourbons, mais ce n'était pas conspirer, c'était opiner, c'était faire une théorie. Il y a plus, à Paris même il n'y a pas eu de conspiration, les combattans ne prévoyaient nullement le résultat du combat, le fait est in-

la lutte devient terrible, s'il y a intervention d'une force étrangère. Les royalistes confondent, aujourd'hui même, ces révolutions politiques avec l'émeute et les anciennes révolutions du palais; mais il y a entre elles la différence qui existe entre une nation entière et une multitude, entre une majorité et une minorité, entre les choses et les hommes.

contestable : les deux premiers jours on se battait contre les ordonnances, le troisième on songea à aller plus loin.

2.º Il est faux que les royalistes fussent peu nombreux ou gens lâches et ineptes. De ce nombre étaient les hommes de l'ancien régime, mais en outre une foule de Français, qui, partisans du droit national, s'étaient ralliés autour des Bourbons aux cris de vive la charte. Et qui peut douter que leur nombre ne fut alors considérable et que parmi ces royalistes ne fussent même des sommités de la nation ? Quant à leur bravoure, n'étaient-ils pas Français ?

3.º Charles X était un despote, un tyran, un Néron, sa conduite en avait fait un objet de haine !... Mais quel insensé pourrait tenir un pareil langage ? Charles X fut un roi faible mais bon, il voulait le bonheur de son peuple dont il n'était point haï; en parlant de ses infortunes, l'histoire parlera aussi des qualités de son cœur.

4.º Enfin, Charles X ne fut point parjure. A qui avait-il prêté serment dans Paris, dans Rheims ? A la charte : oui, mais cette charte pour Charles X, ne lui ôtait en rien les droits qu'il tenait de sa naissance. Ce qui lui avait paru être une usurpation en 89, n'avait ja-

mais été ratifié par lui. Louis XVIII avait bien
pu jurer le maintien de la charte, comme contrat synallagmatique, comme reconnaissant des
droits venant du peuple; des Pairs, des Députés,
des citoyens avaient bien pu prêter serment à
cette même charte, comme consacrant le principe de la souveraineté nationale, mais lui
Charles n'avait prêté serment qu'à une charte
octroyée, concédée et avec réserve de ses droits
royaux, car en 1814 et pendant toute la restauration, il y avait eu en France deux chartes, deux sermens et deux autels qui les avaient
reçus.

Les ordonnances de Juillet avaient donné
raison aux prévisions de ceux qui disaient depuis 1814, point de Bourbons, à ces gens
qu'on avait considérés comme des esprits mo-
roses ou ambitieux. Les droits de tous venaient
en effet d'être usurpés par un seul; la charte
et le serment avaient été impuissans contre
cette téméraire usurpation; à leur tour, cette
charte et ce serment ne purent sauver la dynastie régnante. En reconnaissant Henri V roi
de France, rien n'était changé dans les choses;
c'était revenir à la veille des ordonnances. Une
trêve de quelques années pouvait avoir lieu
sans doute pendant sa minorité, mais qui pou-

vait répondre de son règne, de sa vieillesse, de son avenir ? D'ailleurs si Henri V adoptait le vrai droit, s'il suivait l'exemple de son oncle Louis XVIII, l'incertitude, les difficultés étaient les mêmes pour ses successeurs ; l'expérience venait donc de prouver irrévocablement qu'avec les Bourbons qui avaient été légitimes propriétaires de la France, il ne pouvait y avoir sûreté pour la légitimité par délégation. Il fallait donc mettre un terme à une situation aussi périlleuse qu'incertaine; des expériences aussi meurtrières ne se renouvellent point tous les jours; ces vérités étaient trop frappantes devant les évènemens qui venaient de s'accomplir, il y aurait eu niaiserie à soutenir le contraire ; aussi, pas un royaliste qui demandât à recommencer l'épreuve.

Il est trop tard, dit Lafayette, et ce mot fut une étincelle électrique qui se communiqua rapidement au peuple constitutionnel, aux royalistes et au roi lui-même. Ce fut l'arrêt définitif d'une lutte de quarante ans, proclamé par la chûte d'une dynastie. Cet arrêt signalait le triomphe de la nation, elle dut applaudir ; Charles X et son camp y virent une condamnation sans appel : la conviction de leur défaite fut si profonde, leur décourage-

ment fut tel, que toute résistance leur parut
inutile. Le voyage de Cherbourg à petites journées, est un fait qui parle plus haut que tout
ce qu'on pourrait dire : pas un serviteur qui
se jetant à la bride des chevaux du char royal,
ait voulu les détourner; pas un royaliste qui
ait dit au roi : Sire, s'il en était encore tems !..
Soit même par l'effet de la stupeur qui accom-
pagne tout bouleversement, soit encore par
éloignement pour une couronne qui ne pouvait
plus être portée que par un bourgeois salarié,
les intérêts de l'enfant furent perdus de vue:
pas un homme qui ait dit au roi : Sire, un
trône va être adjugé, votre petit-fils ne pour-
rait-il pas y prétendre tout aussi bien qu'un
autre ?...

Le triomphe d'un principe avec ses garan-
ties venait d'être proclamé par un arrêt sorti
de la bouche d'un homme qui apparaît aux
générations modernes comme le principe lui-
même incarné.... Cet arrêt fut ratifié par tous....
Dire aujourd'hui que la révolution est dûe à
la force brutale, c'est oublier que le combat
de Juillet fut un faible évènement; dire qu'elle
est injuste, c'est soutenir ou que la France est
la propriété d'une famille, ou qu'elle a eu tort
de rentrer à jamais dans son droit; c'est même

revenir sur une question décidée, et à la solution de laquelle tous les Français ont adhéré, les uns par les cris de la victoire, les autres par le silence de la défaite. C'est donc mettre en question la justice et la chose jugée. ,

§. II.

CE QU'ELLE EST.

Une haute vérité venait d'être reconnue; la nation française était proclamée souveraine et rentrait pour la seconde fois dans son droit naturel. Une nouvelle organisation devait sortir de ce droit, et remplacer un gouvernement vague, sans couleur, et qui venait de crouler. Mais un travail aussi vaste ne s'exécute pas en quelques heures, alors surtout qu'il intéresse un peuple de trente millions d'âmes dispersées sur une étendue considérable ; on n'appelle pas si promptement à l'œuvre une masse qu'il est si difficile de mouvoir. Néanmoins la vie de la société ne peut être un seul instant suspendue et abandonnée au hasard. Dans ce cas, il est du droit et du devoir de tout citoyen de saisir son gouvernail, c'est la loi qu'impose à tous la nécessité. Ce droit et ce devoir appartiennent plus spécialement à ceux, qui survivant à la décomposition de l'ordre précédent, sont à portée de mieux diriger la chose publique, à ceux-là surtout qui, par leurs fonctions antérieures, se rapprochent le plus des hommes que la nation investit du mandat constituant.

La Chambre des Députés sentit alors quelle était sa position, et comprit la haute mission à laquelle elle se trouvait appelée. Elle procéda de suite à l'organisation de nouveaux pouvoirs politiques; un homme fut élevé sur le pavois, on lui donna un pouvoir héréditaire, on l'appela roi, on aurait pu lui donner tout autre nom. L'ancienne charte fut maintenue dans ce qu'elle avait de meilleur, et modifiée dans ses imperfections; ce travail rapide dut être incomplet, sans doute, mais il ne reconnut dans tout son ensemble qu'un seul droit, il ne put admettre qu'un seul serment.

La nécessité ne crée qu'un provisoire, tout ce qui vient d'elle doit être examiné et approuvé par le véritable souverain; la nation devait donc intervenir en dernier ressort. On pouvait ouvrir des registres dans les communes et demander des votes, on pouvait convoquer le peuple lui-même par ses représentans à un Champ de Mai. Napoléon avait employé ces deux moyens et les avait usés en montrant qu'ils pouvaieut devenir l'un et l'autre les instrumens de la mauvaise foi et de la servitude. La France était libre de manifester sa volonté; sa voix n'était étouffée ni par la présence des baïonnettes étrangères, ni par tout autre système de terreur qui ne saurait jamais s'improviser; la France, dis-je, ne voyait chez elle que le retentissement de la résistance légale qui l'avait conduite au triomphe de son propre droit, elle pouvait donc émettre librement son vœu national. On dut voir dès-lors son assentiment incontestable et son adhésion formelle à tout ce qui venait d'être si promptement organisé, dans le triomphe rapide de la révolution et ses progrès étonnans dans les provinces, dans l'absence de tout signe de résistance au nouvel ordre de choses, dans les adresses et les députations des communes et des gardes nationales du royaume; ces démonstrations furent nombreuses, et qui peut douter qu'elles ne l'eussent été bien davantage, si un seul cri d'opposition se fut élevé!

Tel fut le mode de constitution de nos pouvoirs politiques actuels. Leur origine indiquait suffisamment la marche qu'ils devaient suivre dans

l'exercice des fonctions importantes auxquelles
ils étaient appelés : établir des institutions nationales , et faire passer ainsi dans nos lois le principe qui les avait créés eux-mêmes ; activer la
marche de la civilisation en France , et favo-
riser son développement chez les nations voisines , telles devaient être les règles naturelles
de leur conduite. Mais des circonstances graves
puisées dans l'état des choses du moment , leur
imposèrent une prudence et une réserve qui
durent nécessairement ralentir le progrès révolutionnaire. De-là ce système de modération
et comme on a dit de résistance dans notre
politique , système qui amena les Doctrinaires
au pouvoir, et qui a fait, avec leur concours,
la révolution telle qu'elle est aujourd'hui.

Un Doctrinaire veut le juste et l'utile , il
cherche l'un et l'autre de bonne foi et par des
études opiniâtres , mais il ne parvient à son
but que bien rarement. Le plus souvent il ne
voit la vérité qu'à demi , parce qu'il n'aperçoit
que la moitié des choses et qu'il n'aborde pas
les questions dans ce qu'elles ont d'essentiel.
Semblable au Sphinx de Thèbes, il parle par
énigme , rarement ses paroles sont comprises,
ou si elles le sont , elles indiquent le contraire
de leur véritable sens. Un Doctrinaire veut-il

nous expliquer le principe de la souveraineté nationale, il nous dit que ce principe est ce qui est *juste, vrai et utile*, il n'en dit pas davantage, et croit avoir fait merveille; comme si quelqu'un pouvait ignorer que le principe de moralité ne dût être l'unique mobile des êtres intelligens; il n'aperçoit point qu'en dernier. résultat, il faut descendre jusqu'aux hommes qui sont juges de ce qui est juste, vrai, utile! Veut-il encore nous démontrer la justice de la révolution de Juillet et parcourir les questions que nous venons de traiter, il nous dit que c'est la *nécessité* qui a fait ce qui existe; il nous abandonne tout court en face de cette nécessité, oubliant qu'une nécessité sans passé et sans suite, n'est plus que l'empire de la force brutale. Veut-il, enfin, nous parler de cette réserve parlementaire que doit observer plus particulièrement un député, qui se trouve en même temps fonctionnaire public, réserve qui ne saurait d'ailleurs affaiblir en rien le caractère sacré de son indépendance, il transforme ce député en muet du Sérail et le condamne à un *vote silencieux*.

Sous la restauration, les Doctrinaires avaient obtenu des succès incontestables. Comme la charte octroyée était elle-même un assemblage

de principes incohérens, on conçoit qu'elle con-
venait parfaitement aux vues nébuleuses de la
doctrine. Un des plus célèbres d'entr'eux avait
même concouru à sa rédaction. Ils avaient donc
été les soutiens les plus prononcés de cette
charte et ils s'étaient toujours montrés avec un
talent remarquable dans les rangs de l'Opposition. Ils avaient ainsi combattu pour le principe
national lui-même que consacrait, comme nous
avons vu, leur système d'Omnipotence parlementaire, système puisé à l'école anglaise. Les
Doctrinaires se présentaient donc avec faveur
devant la révolution qui venait de s'accomplir.
Aussi, à peine la première agitation de Juillet
fut-elle passée, qu'ils surgirent dans les rangs
de ceux qui étaient appelés à organiser le nouvel ordre de choses ; bientôt après, ils se pla-
cèrent même à la tête du pouvoir gouverne-
mental et en devinrent les principaux direc-
teurs. Voici maintenant quels furent les principes de leur politique.

Ils enfantèrent un système, espèce de mons-
tre, composé de membres étrangers les uns aux
autres ; ils réunirent les deux principes sur
l'origine du droit public et les combinèrent
ensemble. Louis-Philippe fut roi par sa naissance c'est-à-dire propriétaire de la France, et

en même temps roi élu par les Français. La
charte octroyée fut métamorphosée en charte
nationale, et resta toujours la même quant à
son origine. On avait eu le droit de changer
une dynastie dont les pouvoirs étaient hérédi-
taires, et qui avait créé la Chambre des Pairs,
on n'eut pas celui de décider la question de
l'hérédité de la Pairie, on ne put toucher même
aux pouvoirs inamovibles des membres des
tribunaux. Charles X, Louis XIX étaient devenus étrangers à la France par le seul fait
de la révolution, leur abdication fut néanmoins enregistrée dans les archives de la Chan-
cellerie. Un grand nombre de fonctionnaires
publics de l'ancien gouvernement étaient les
ennemis jurés du nouveau et protestaient pu-
bliquement contre lui, il ne fallut point les
destituer de peur de les mécontenter davantage.
Enfin ils mirent au jour, comme ils le font
encore, des conceptions tellement bizarres,
qu'elles étonnent les esprits les plus métaphy-
siques, et qu'elles ébranlent les crédulités les
plus robustes. A ce système de nouvelle espèce,
à cette production de nature en quelque sorte
romantique, il fut donné nom de QUASI-LÉGITI-
MITÉ : maintenant disons un mot de la principale cause qui peut nous expliquer ses succès.

1.º La révolution de Juillet avait doté la France du principe d'où découlent les libertés publiques. Il fallait obtenir celui de l'ordre, principe conservateur et sans lequel les libertés ne sont qu'un vain mot. Les hommes les plus éclairés, ceux qui avaient vu dans les journées de Juillet autre chose qu'une intrigue de palais, comprirent qu'on devait maintenir l'ordre avant tout, même aux dépens du progrès révolutionnaire. Ils virent qu'il s'agissait non point de changer brusquement nos institutions, mais bien de faire passer dans ces dernières les conséquences de la révolution d'une manière insensible et en suivant pas-à-pas les leçons de l'expérience. Ils virent qu'il fallait rattacher le présent au passé, puisque les évènemens de Juillet n'étaient qu'un progrès de plus dans la longue carrière de la civilisation française, et que l'on évitait par-là ces graves interruptions révolutionnaires qui ne deviennent que trop souvent le motif du débordement des passions humaines. Quelques-uns, il est vrai, ne comprirent la nécessité d'un progrès lent et mesuré que par l'effet d'un sentiment de timidité et même de peur ; esprits faibles et indécis, ils étaient épouvantés de la grandeur du principe de la souveraineté

du peuple et reculaient devant ses hautes destinées, mais le plus grand nombre appelaient
de leurs vœux par raisonnement cette marche
systématique ; ils y voyaient le seul moyen
de faire prospérer les idées nouvelles à la con-
servation desquelles tous les Français étaient
appelés.

Si la charte de Louis XVIII n'avait pas com-
plètement satisfait le vœu national, elle con-
tenait du moins, comme nous avons vu, les
principales conditions du vrai droit public.
Quinze années d'exercice l'avaient introduite
dans nos habitudes et dans nos mœurs, et avec
elle, la France avait joui d'un état de paix et
de prospérité dont elle n'avait pas encore eu
d'exemple. Cette charte modifiée, améliorée,
placée sous la sauvegarde de la souveraineté
nationale, n'était-elle point préférable à ces in-
novations soudaines qui, sans cesse renouve-
lées, sont le fruit de vaines théories ?

D'autre part, le choix des fonctionnaires publics que réclamait le nouvel ordre de choses,
offrait de nombreuses difficultés. En exami-
nant de près les hommes qui se disaient les
partisans dévoués de la révolution, soit ceux
qui étaient à Paris au lieu du combat, soit
ceux qui affluaient des provinces, il était fa-

cile de voir, que certains d'entr'eux étaient dé-
pourvus de toute capacité pour les fonctions
publiques, que d'autres étaient mus par des
sentimens de haine et de vengeance, que d'autres enfin, oubliant que le nouvel édifice devait avoir pour base l'intérêt de tous, n'étaient
occupés que de leur intérêt privé, demandant
sans cesse des récompenses, et paraissant disposés à dire aux fonctionnaires de Charles X :
ôtez-vous de là et cédez-nous vos places. Il
n'était pas facile de distinguer au premier coup-
d'œil ces hommes instrumens du désordre, des
vrais patriotes capables d'assurer par leur concours le succès de la révolution.

D'un autre côté, tous les fonctionnaires de
Charles X n'étaient point les ennemis de cette
dernière; plusieurs d'entr'eux l'avaient accueil-
lie avec empressement, et un plus grand nombre, quoique indifférens d'abord, ne pouvaient
tarder à se rallier autour d'elle. Il ne fallait
donc pas les destituer tous en masse et sans
distinction; c'était se priver d'hommes instruits
dont les services pouvaient être encore utiles. La
révolution faite pour tous les Français, est d'ailleurs par elle-même ennemie de toute exclusion
systématique, de toute espèce de privilège; elle
doit ouvrir ses bras à tous ceux qui veulent

la servir, ne repoussant que les hypocrites et les insensés qui voudraient la trahir ou la compromettre.

2.º La victoire de Juillet eut chez l'étranger un retentissemeut des plus violens. En France, le régime constitutionnel et la première révolution nous avaient disposés à ses résultats, mais chez nos voisins, le principe de la souveraineté nationale contrastait trop manifestement avec celui de leur gouvernement. La révolution nouvelle apparut à la plupart d'entr'eux comme un ennemi redoutable; le passé vint ajouter à leur terreur, ils crurent voir la Convention avec sa propagande et ses quatorze armées, oubliant que cette propagande ne fut qu'une réaction; ils crurent voir, dis-je, des armées innombrables sortant de la fournaise révolutionnaire, et plus tard un nouveau système militaire impérial avec un second colosse pour le manier; leur premier cri fut donc : aux armes!

Le principe de la souveraineté de tous est sans doute propagantiste comme tout principe moral, mais jamais par la violence; celle-ci lui est toujours plus nuisible qu'utile; l'Assemblée constituante l'avait déjà démontré. Sa propagande, comme celle de la vérité, s'opère len-

tement, surtout pendant la paix et dans les relations les plus amicales. Mais la France voyant
ses voisins courir aux armes, ne pouvait res-
ter elle-même sans défense, elle devait armer
à son tour; de-là cette attitude guerrière des
puissances européennes, attitude qui dure encore aujourd'hui.

Malgré les dispositions pacifiques de la France
à l'égard de ses voisins, elle ne pouvait empêcher les effets soudains d'un premier retentissement. Des contre-coups eurent lieu en effet
dans l'Europe entière : il y eut de graves chan-
gemens de principes en Belgique, en Suisse et
en Angleterre. Chez les autres nations, des se-
cousses violentes agitèrent leur gouvernement;
le sol trembla sous leurs pas en Italie, en Au-
triche, en Prusse; la Pologne se leva en masse,
et lutta long-temps avec avantage contre le
géant des Russies.

Les nations obligées de conserver entr'elles
des relations, sont comme membres d'une même
famille. De quel œil la nouvelle France sera-t-
elle vue par les autres Etats, elle qui vient d'y ap-
porter le désordre et de les ébranler même dans
leurs fondemens ? Comment renouera-t-elle ses
relations avec eux ? Comment leur adressera-
t-elle encore des félicitations et des témoigna-

ges du plus vif intérêt ? La situation de la France était donc, sous ce rapport, des plus difficiles, et devait même embarrasser les plus habiles dans les ressources diplomatiques. On pouvait sans doute montrer une attitude ferme, et imposer par la force; quelques-uns conseillaient ce moyen, mais cette attitude pouvait être prise pour une menace, une provocation et conduire à un bouleversement général. Il était plus convenable de suivre d'abord la voie des négociations, et de chercher à démontrer à nos voisins, que si la France, qui n'avait jamais reculé devant la guerre, avait dans ce moment besoin de la paix pour compléter son organisation intérieure, elles-mêmes avaient tout à craindre d'une lutte aussi terrible que celle qui pouvait s'engager. Ce moyen plus prudent, n'excluait d'ailleurs en rien une attitude pleine de dignité, et il permettait des préparatifs de défense, en cas que celle-ci devint nécessaire.

Telles furent dans l'intérieur et dans nos relations étrangères les diverses circonstances qui imposèrent à la révolution de Juillet la nécessité d'un développement lent et mesuré. De-là naquit ce système politique, de modération et de prudence qu'adoptèrent les hommes les plus habiles et les plus dévoués à cette révolution. Ce système voulait le principe de cette dernière avec toutes ses conséquences, et s'il paraissait ralentir son progrès pour le moment, c'était pour mieux assurer son triomphe à l'avenir. Il n'avait d'autre résistance que celle qu'il devait naturellement opposer aux eutopies dangereuses de quelques esprits peu réfléchis, qui auraient compromis l'existence même du nouvel ordre de choses, en lui imprimant un mouvement ou trop rapide ou désordonné.

Ce système fut la principale cause des succès de la Quasi-Légitimité. Les Doctrinaires se présentèrent comme les plus chauds partisans des mesures de prudence; ils étaient même *furieux de modération*. A l'aide de cette disposition et de leur talent .d'ailleurs incontestable, ils parvinrent facilement au pouvoir, où ils ne tardèrent pas à métamorphoser le système dont nous parlons, en Quasi-Légitimité.... Alors le principe de la révolution fut costumé en champion de la vieille monarchie, alors son progrès naturel fut changé en une marche rétrograde, alors ses conséquences à l'intérieur firent place à des institutions monstrueuses, à des mesures violentes et arbitraires, alors enfin, la France se présenta à l'extérieur sous l'attitude de l'humilité!.. La Quasi-Légitimité comme système de modération! voilà donc la révolution telle qu'on l'a faite, et telle qu'elle est encore aujourd'hui.

§. III.

CE QU'ELLE PEUT DEVENIR.

L'imprimerie a changé la destinée des peuples. Jadis une nation parvenait-elle au plus haut degré de grandeur et de civilisation, la corruption s'y introduisait avec le luxe et les richesses, et les mœurs ainsi que la force publique ne tardaient pas à se perdre. Alors survenait un conquérant à la tête de hordes barbares, qui envahissait cette nation, et détruisant le produit des arts, des sciences et des lettres, la replongeait dans les premiers temps de son existence. La destinée des peuples était donc un cercle où ils passaient tour-à-tour de la civilisation à l'ignorance et d'où ils ne sortaient jamais. Aujourd'hui il n'en est plus de même : grâce aux nombreux dépôts des connaissances humaines, à la facilité de les reproduire et de les répandre, leur perte est devenue impossible. Une irruption de Barbares n'amènerait que la civilisation de ces derniers , et favoriserait le progrès lui-même des lumières. Ce n'est donc pas dans le passé que nous devons lire les destinées des peuples à venir, ce n'est point là où nous trouverons le plus haut degré du perfectionnement dont est susceptible la société humaine.

La France sait aujourd'hui que le pouvoir politique est la propriété de tous et non pas celle d'une ou de plusieurs familles en particulier : maintenant cette haute vérité peut-elle se perdre ? Peut-on supposer un tel état de choses dans l'avenir, qu'en France un homme puisse encore dire : l'Etat c'est moi , que des citoyens puissent encore prétendre que les places, les honneurs publics sont leur propriété, et qu'en même temps la masse entière de la nation soit assez ignorante , assez abrutie pour tolérer et approuver même une usurpation aussi flagrante? Non sans doute. Le règne du bon plaisir et des privilèges nobilières a fini d'exister en France, et le principe de l'égalité de tous en droit, s'y est établi à jamais. Des causes graves et passagères pourront peut-être encore y voiler la statue de la liberté ; et par le prestige de sa gloire militaire, Napoléon n'avait-il pas produit un effet aussi extraordinaire! mais ce ne sera plus que pour un instant ! les choses reprenant bientôt leur cours naturel, ces momens de repos ne feront qu'augmenter leur tendance vers le progrès. La révolution de Juillet est donc le triomphe d'une haute vérité qui est aujourd'hui impérissable.

Mais on demande : le gouvernement établi en 1830, se maintiendra-t-il, durera-t-il long-temps ? Ici, il ne s'agit plus des choses, mais bien des hommes, et sous ce rapport nos prévisions n'ont plus la même certitude, puisqu'elles sont soumises aux caprices de ces derniers. D'ailleurs, ces questions qui agitent tant les esprits, sont au fond bien moins importantes pour l'intérêt général qu'elles le paraissent d'abord. Henri V montera-t-il sur le trône, ou bien la royauté fera-t-elle place à un pouvoir central dont le chef sera élu pour un temps limité ? Telles sont les questions que l'on adresse à l'avenir : eh bien ! s'il s'agit d'un avenir éloigné, les prévisions des hommes ne sauraient y atteindre : assurément, qui pourrait affirmer qu'Henri V ne puisse un jour devenir roi de France, en présence des événemens qui ont ramené les Bourbons vingt ans après leur première émigration ? Et d'un autre côté, qui peut prétendre que la France ne sera pas un jour une république ? Mais aujourd'hui , avec les faits qui sont en notre présence , nous pouvons déclarer que ni l'un ni l'autre de ces deux évènemens n'est probable.

1.° *Retour d'Henri V*. Les Bourbons sont rentrés deux fois en France par la force des baïonnettes étrangères ; l'espoir d'un pareil secours sur lequel quelques-uns avaient compté, s'évanouit tous les jours. Il ne reste donc plus que celui d'un mouvement à l'intérieur qui substituerait Henri V au roi des Français ; or ce mouvement , d'où viendrait-il ! et qui le produirait ! et les royalistes ! On a parlé de leur alliance avec des républicains , mais cette alliance qui pourrait conduire au désordre, n'amènerait jamais un résultat pareil. Que sont donc les royalistes en France ?

Ce parti ne se compose dans le fond que de gens qui jouissent tous d'une certaine aisance. Depuis le noble duc héritier d'une fortune considérable, jusqu'au hobereau de nos provinces, jusqu'à l'usurpateur altier de la particule , tous ont des moyens d'existence ; il y aurait donc pour tous chance de pertes dans un mouvement insurrectionnel. Or les gens qui possèdent n'ont jamais su tirer des coups de fusil ; et d'ailleurs, ceux qui ne veulent pas du droit commun, qui ne veulent pas être comme tout le monde, voudront-ils s'exposer à perdre ce qu'ils possèdent et à se trouver moins bien partagés que les autres? Les royalistes sont donc peu redoutables pour le trône de Juillet. De ce parti, sans doute, peuvent bien sortir des officiers braves, capables, mais point de corps d'armée. Vainement chercherait-il à recruter ce dernier dans le bas peuple, parmi les fanatiques soulevés par quelques jeunes prêtres, parmi ce petit nombre de niais qui ne connaissent pas encore leur droit et leur véritable intérêt, parmi les mécontens, parmi ces gens toujours prêts à se vendre au premier offrant; il y a là de quoi faire une émeute, une Chouannerie, mais pas une révolution, pas un changement de dynastie, pas même une Vendée (1).

Etrange destinée que celle du royalisme! Impuissant pour relever son drapeau, lorsqu'il est tombé, il le pousse vers sa chûte, lorsqu'un hasard favorable l'a replanté. Le trône est-il devenu la propriété d'un seul, les fonctions

(1) La déclaration de Blaye a achevé de ruiner les dernières espérances des royalistes; si ce parti avait pour lui la justice des principes, que lui importerait la conduite d'une femme?

publiques, les honneurs, les récompenses sont réclamés par les royalistes comme étant leur propriété. Leurs prétentions révoltent d'autant plus la masse de la nation, que si elles mettent injustement de leur côté tous les avantages, elles ne placent de l'autre que le mépris, et qu'en outre, cette situation injurieuse se reproduit sans cesse, tous les jours, à chaque instant, dans les moindres choses, dans les plus petites localités. Aussi, là où le royalisme donne un ami à la dynastie déchue, lui fait-il cent ennemis bien prononcés.

On nous dit : les royalistes sont devenus aujourd'hui partisans des principes de liberté, ils veulent leur entier développement, ils sont même plus libéraux que les libéraux eux-mêmes, tout comme ils étaient plus royalistes que le roi de la charte. Quelques-uns ajoutent : ils veulent pousser tout à l'extrême pour amener le désordre par la licence. Mais ils seraient donc bien aveugles ! Croiraient-ils que ce désordre les épargnerait, et qu'ils n'en seraient pas les premières victimes ?.. D'autres disent : les royalistes veulent une liberté exagérée pour s'emparer du pouvoir en profitant de l'influence que la restauration a donnée sur le bas peuple au château et au clocher, sauf avec ce pouvoir, à détruire par la suite jusqu'aux principes les plus justes de cette même liberté. Leur calcul serait encore bien mal fondé! Le développement de la liberté illimitée pourrait bien conduire au désordre, mais jamais au règne du privilège; et tôt ou tard cette liberté, quelle quelle soit, fera du château une bonne maison de citoyen, et du clocher une tour dont la cloche sera uniquement payée par ceux-là qui s'en serviront.

Mais non! les royalistes *n'ont point changé de principes.* S'ils veulent le vote universel, l'abolition du serment politique, les institutions municipales et provinciales, s'ils parlent des droits de la nation, ils appèlent encore le rétablissement des trois ordres des anciens Etats-Généraux; ils veulent une légitimité antérieure et étrangère à toute constitution, à toute manifestation d'un vœu national; ils confondent même à dessein la souveraineté du peuple avec la force brutale de la multitude. Les principes de liberté qu'ils admettent, touchent à des questions secondaires, le principe vraiment capital est celui de l'origine du pouvoir qui fait le véritable souverain; tant qu'ils n'auront pas confessé cette haute vérité, tenons leur libéralisme comme n'ayant aucun fondement solide. Si par un évènement imprévu, Henri V montait sur le trône de France, ces mêmes royalistes, en effet, proscriraient de nouveau le principe de l'égalité de tous en droit, ainsi que celui de nos libertés publiques, comme ils les proscrivent encore aujourd'hui chez les nations voisines qui tendent à leur régénération ; ils trouveraient ces principes incompatibles avec les droits de leur royauté, avec ceux de la légitimité à leur manière, et la lutte de la restauration recommençant encore par leurs efforts et leurs intrigues, se terminerait par la même catastrophe : car désormais, pour que Henri V put être roi des Français, il faudrait qu'il le fut lui-même, non *comme Bourbon, mais quoique Bourbon* (1).

(1) Montesquieu a dit : dans une monarchie, il faut une noblesse. Il parlait de la monarchie absolue et il disait vrai. L'usurpation d'un seul n'existerait pas vingt-quatre heures, si elle n'était soutenue par l'usurpation de plusieurs. Dans la monarchie nationale, une noblesse héréditaire est un contre-sens. Le principe conservateur de la légitimité par délégation, est son utilité pour l'ordre, or sa véritable noblesse, c'est-à-dire, ce qui concourt avec elle, c'est la garde nationale.

On nous dit : dans cette monarchie il n'y aura donc point de récompenses pour les services rendus à l'Etat, et l'héritier d'un nom réellement illustre, n'y aura pas plus de droits aux fonctions publiques que tout autre citoyen ? Nul doute assurément : et où a-t-on vu que

(47)

2.º *La république.* Pendant notre première révolution , il est survenu quelque chose qu'on a appelé du nom de république ; c'était au moment le plus terrible de la lutte des deux principes : la France était aux prises avec l'Europe entière. Au milieu de ses convulsions, s'élevèrent des productions gigantesques, mais la justice, le droit, tout fut suspendu, tout fut absorbé par la lutte ; il n'y eut pas plus de roi que de président, pas plus de bourgeois et de nobles, que de citoyens ; il n'y eut que de la force , de la violence et du sang. Cette république fut celle de la mort. Ce n'est pas sans doute de cette république dont on veut parler.

Voudrait-on indiquer un état calme quoique

les fonctions publiques dussent être des récompenses nationales ? Celui-là qui a déjà bien mérité de la patrie, ne les reçoit pas même à ce titre : si ces fonctions lui sont confiées, c'est parce qu'il a donné des preuves de la capacité qu'elles réclament. Il serait vraiment singulier qu'un fils eut le droit de perdre vingt batailles, parce que son père a remporté tout autant de victoires, que l'héritier d'un grand législateur ou d'un sage administrateur eut le droit de bouleverser nos lois, notre administration, par le seul fait de sa naissance ! La mémoire de belles actions , voilà l'héritage et le plus beau sans doute, qu'un grand homme puisse léguer à ses enfans.

fort, où les fonctions les plus élevées comme les moins importantes, seraient soumises, autant que possible, à l'élection de tous; où la minorité se soumettrait avec respect à la voix du plus grand nombre; où chacun s'empressant de payer l'impôt, serait plus avare du trésor public que du sien propre; où le plus capable de faire le bien général, serait toujours l'élu; où l'estime publique serait si non l'unique, du moins sa meilleure récompense; où le gouvernement enfin ne dépensant que le stricte nécessaire, serait à bon marché? Certes, si la France pouvait établir un régime pareil, elle aurait grand tort de ne pas le faire! Mais il faut des hommes tout disposés à ce régime.... Et nos républicains, nous dira-t-on! Il y a donc en France beaucoup d'hommes doués de ces vertus qui, selon Montesquieu, sont le principe des républiques? Tant mieux qu'il y ait des républicains en France!.... Plut à Dieu qu'il y eut beaucoup de républicains!...

CONCLUSION.

La France a fait la révolution de Juillet pour n'avoir d'autre maître qu'elle seule, d'autre pouvoir que le sien. Elle l'a faite contre la propriété monarchique, contre la propriété aristocratique, contre la propriété politique du clergé, cachée sous le manteau spirituel (1). Elle a détruit à jamais la monarchie, la noblesse, le clergé de Charles X. Elle a usé de son droit.

(1) Certaines gens affectent de croire et de répandre que la religion catholique ne peut prospérer qu'avec la monarchie absolue, et que les révolutions politiques, qui conduisent à la monarchie nationale, lui sont toujours funestes. On conçoit que cette opinion puisse être propagée à dessein par les partisans de l'ancien régime, qui voudraient voir rétablir le clergé comme ordre politique; mais on ne comprend pas qu'elle puisse être adoptée par des hommes de bonne foi et vraiment religieux. Quoi! un progrès politique qui conduit directement à la liberté de conscience, serait contraire au triomphe de la religion catholique! Mais pour soutenir ce principe, il faudrait nier d'abord la divinité de cette religion et douter même de sa haute sagesse. En effet, si la religion catholique est divine, a-t-elle besoin de la protection des hommes? n'est-elle pas impérissable? Si elle n'est qu'une haute conception humaine, sa sagesse n'est-elle pas assez élevée, sa morale assez pure, pour que, livrée à ses propres forces, elle puisse lutter avec avantage contre toutes les autres croyances religieuses?

On parle, il est vrai, d'indifférence en matière de religion. Il s'agit ici de s'entendre : oui, il y a indifférence dans les esprits pour la religion du siècle dernier, pour celle de la vieillesse de Louis XIV, pour celle de la Régence et du règne de Louis XV, mais il existe en même temps un sentiment profond et général de la nécessité d'une religion bien différente de celle-là; ce

Les pouvoirs politiques actuels, ont été constitués par la nécessité, c'est dire, qu'ils ne
pouvaient l'être de toute autre manière. Il fallait une sanction nationale : on la vit dans le
triomphe sans résistance de la révolution, dans
des adresses nombreuses, dans l'ombre que le
drapeau tricolore projeta rapidement sur la
France entière. On aurait pu demander des
votes, convoquer une Assemblée nationale; avec
un peu plus de prévision et moins de con-
fiance et de bonne foi, on l'eut fait ; le résultat ne pouvait être un instant douteux : ce n'est
plus là qu'un point de forme.

Le gouvernement de Juillet a franchi ses
deux premières années, les plus difficiles de son
existence; il a procédé avec timidité et en rete-
nant sans cesse le coursier qui le portait. Sa résistance, sous le costume bizarre de la Quasi-
Légitimité, était-elle le meilleur système possible? Ce n'est plus une question de droit, mais
d'administration : sous ce rapport, le passé est

sentiment n'a besoin que d'être cultivé par une instruction solide, vraie et dégagée de toute passion humaine, telle qu'elle se trouve dans la parole de Dieu ;
et cette instruction pour être complette, ne demande
au pouvoir politique qu'une indépendance entière, que
la liberté de croire, de penser et d'écrire.

déjà loin de nous, il s'agit du présent et de
l'avenir.

A l'extérieur, notre attitude a été assez hum-
ble. Sans doute que notre droit public a une
force incalculable et un avenir immense; c'est
dans la nature des choses. Dieu a voulu que
la puissance morale fut supérieure même à celle
des forces physiques : tant pis pour ceux qu'elle
menace. Mais que chacun soit maître chez soi.
La révolution ne doit pas plus se présenter cha-
peau bas que la lance au poing ; elle doit avoir
la tête haute, et ne menacer personne.

A l'intérieur, l'esprit national souffre ; son
mal est le découragement et l'indifférence ; il
est temps de le guérir ! Un écrivain célèbre a
dit qu'aujourd'hui les titres de préfet, de général, de pair, de ministre, de roi même, ne
faisaient envie à personne: y aurait-il bien grand
mal, si le titre de citoyen avait grandi !... Que
ce dernier acquière tout son lustre, et le mal-
aise que nous signalons ne tardera pas à dispa-
raître !.. Assez de Quasi-Légitimité à titre de prudence; c'est elle, qui embrouillant les questions
les plus simples, voile le principe des patriotes
et les jette dans l'indifférence et le découragement; les royalistes prennent cet état pour

de la faiblesse , et dans leurs illusions, deviennent menaçans.

Louis-Philippe n'est-il donc pas l'élu de la France ? Le drapeau qu'il tient en main, n'est-il pas celui qui naguère a volé de clocher en clocher sans la moindre résistance ? Tout son droit n'est-il pas là ? En aurait-il un autre ? Voudrait-il essayer de la propriété politique ? Mais la chose a été impossible à ceux-là auxquels huit cents ans de jouissance auraient créé un droit de prescription, si les œuvres de Dieu pouvaient prescrire ?.. D'ailleurs Henri V est là ; c'est pour lui que Louis-Philippe travaillerait ; il est avant lui propriétaire de la France, et le jour où Henri V rentrerait dans sa propriété, Louis-Philippe irait aux Gémonies... Que le roi des Français se montre donc tel qu'il doit être, que le principe qui l'a créé, se développe sagement mais d'une manière ouverte dans nos institutions, que la révolution marche enfin avec tout son cortège : à Rome, chaque consul marchait avec ses faisceaux.

FIN.